Sicher zum Lesen

Heft A

1. und 2. Schuljahr

von

Eve Malmquist

Grafik:

Tord Nygren

Ernst Klett Grundschulverlag

Leipzig Stuttgart Düsseldorf

Sicher zum Lesen
Heft A

1. und 2. Schuljahr

von Eve Malmquist

Grafik: Tord Nygren

Ernst Klett Grundschulverlag
Leipzig Stuttgart Düsseldorf

In dieser Reihe sind außerdem erschienen:

Sicher zum Lesen, Heft B	Klett-Nummer 213611	(rechtschreibreformier
Sicher zum Lesen, Heft C	Klett-Nummer 213711	(rechtschreibreformier
Sicher zum Lesen, Heft D	Klett-Nummer 213910	
Sicher zum Lesen, Heft E	Klett-Nummer 214010	
Sicher zum Lesen, Heft F	Klett-Nummer 214020	

9 783122 135119

1. Auflage A 1 17 16 15 14 13 | 2011 2010 2009 2008 2007

Alle Drucke dieser Auflage können im Unterricht nebeneinander benutzt werden, sie sind untereinander unverändert. Die letzte Zahl bezeichnet das Jahr dieses Druckes.

Originaltitel: Nya Vad var det jag läste? A ISBN 91-40-60990-1

Internetadresse: http://www.klett.de
Redaktion: Erika Richter
Druck: Druckhaus Götz GmbH, Ludwigsburg
ISBN: 3-12-213511-6

Lies und male

1. Hier siehst du einen lustigen Mann.
   Male seine Nase rot.
   Male seinen Hut schwarz.

2. Die Katze hat drei Junge.
   Male die Jungen
   mit verschiedenen Farben aus.

3. Auf dem Bild
   siehst du einen Kasten
   mit schönen Blumen.
   Male die Blumen
   rot und blau an.

Lesen, sehen und schreiben

1. Siehst du ein Buch auf dieser Seite?

   Schreibe eine (1) unter das Buch.

2. Siehst du einen Teller?

   Schreibe eine (2) unter den Teller.

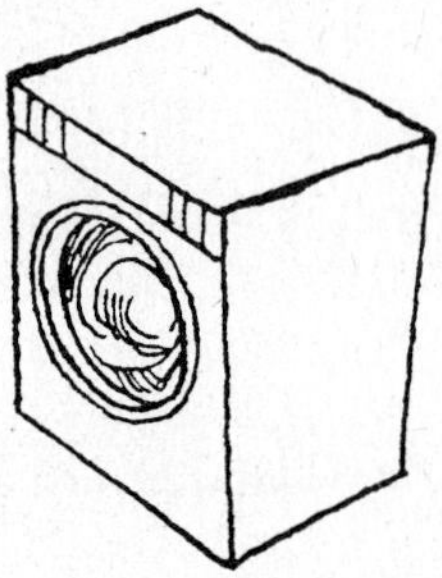

3. Siehst du ein Huhn?

   Schreibe eine (3) unter das Huhn.

4. Siehst du ein Schwein?

   Schreibe eine (4) unter das Schwein.

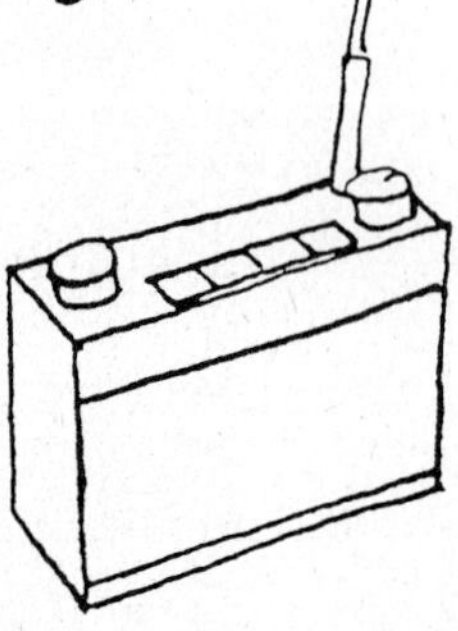

5. Siehst du ein Radio?

   Schreibe eine (5) unter das Radio.

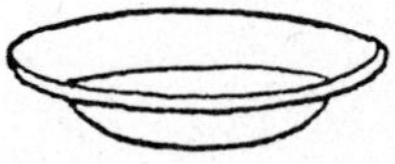

Lesen und verstehen

1. Unterstreiche den größten Vogel.

   Male ihn braun an.

2. Kreuze den Gegenstand an,

   auf dem man spielen kann.

   Unterstreiche den Gegenstand,

   auf dem man sitzen kann.

3. Ziehe eine Linie vom Löwen zum Elefanten.

   Kreise den Affen ein.

Auf dem Lande

Betrachte das Bild.
Lies, zeichne und male.

Hier leben Eva und Jan.

1. Male ihr Haus rot an.
2. Zeichne Blumen vor ihr Haus.
3. Male den Hund weiß und braun an.
4. Male die Kühe schwarz und weiß an.
5. Male den Traktor gelb an.
6. Was kann es noch auf einem Bauernhof geben?

   Zeichne noch etwas hinzu.

   Male es aus.

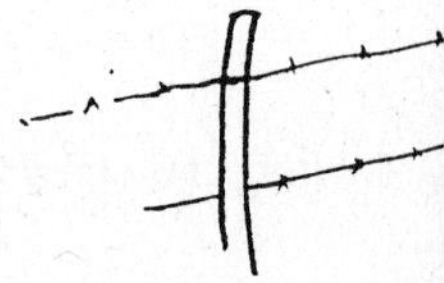

Wer kann hüpfen?

Denke gründlich nach.
Schreibe „ja“ oder „nein“.

der Hase ____________

das Mädchen ____________

das Haus ____________

das Buch ____________

der Junge ____________

der Grashüpfer ____________

die Blume ____________

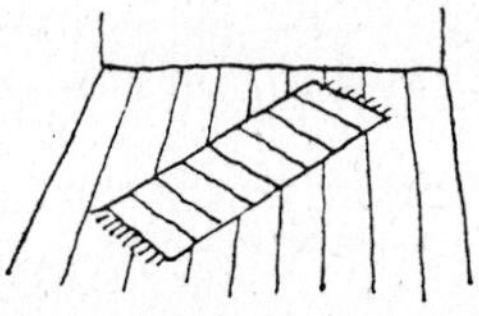

der Fußboden ____________

der Frosch ____________

das Eichhörnchen ____________

der Stuhl ____________

Was gehört zusammen?

Zu jedem Bild gehört ein Wort.
Bei jedem Wort steht eine Ziffer.
Schreibe die Ziffer zu dem Bild,
das zu dem Wort passt.

1. Ei
2. Milch
3. Segel
4. Blumen
5. Regen

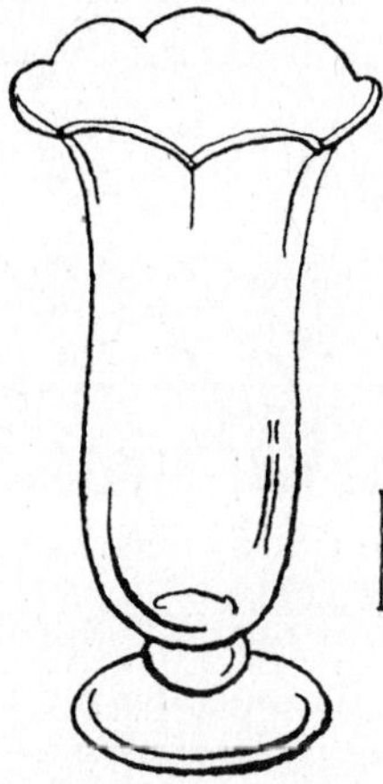

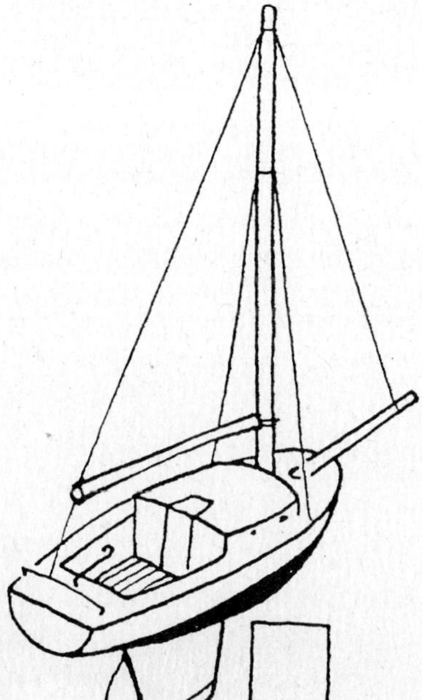

Wer kann laufen?

Schreibe „ja“ oder „nein“.

der Hund __________

der Stein __________

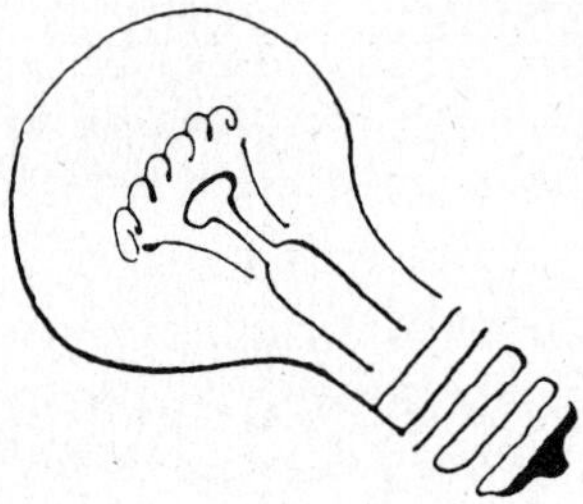

das Pferd __________

die Lampe __________

die Bank __________

der Fuchs __________

das Heft __________

der Stuhl __________

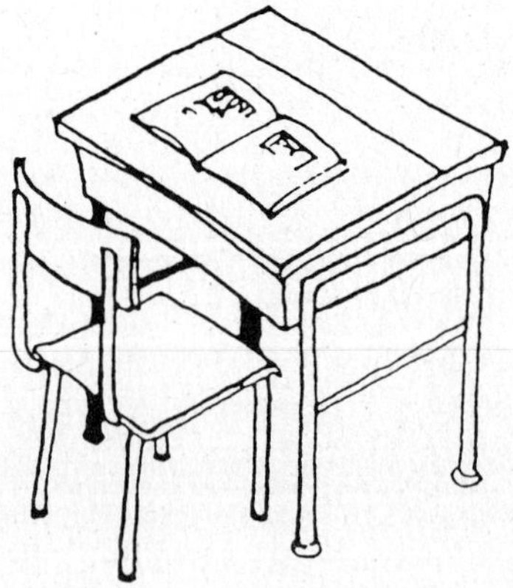

das Haus ____________

die Tanne ____________

das Butterbrot ____________

der Schornstein ____________

der Hahn ____________

der Junge ____________

der Blumenstrauß ____________

das Fenster ____________

die Schuhe ____________

Kann die Nase laufen?

Suche das richtige Wort

Bei jedem Bild stehen drei Wörter.
Eines der Wörter passt zu dem Bild.
Unterstreiche dieses Wort.

1. Hans
Gans
Tanz

2. Buche
Becher
Bach

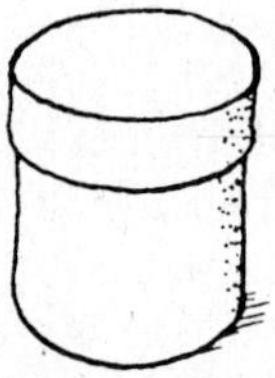

3. parken
harken
hacken

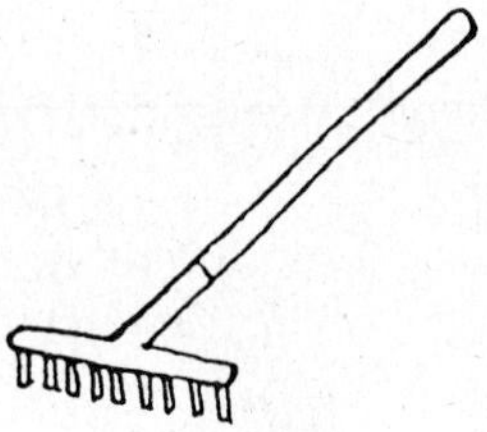

4. Kahn
Kamm
Stamm

5. Kanne
Wanne
Tanne

6. Lampe
Lappen
Land

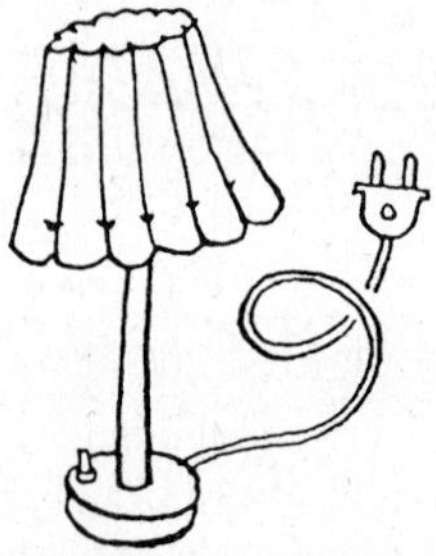

7. Tasche
Flasche
Masche

8. Woge
Weg
Waage

Zum Nachdenken

Bei jedem Bild stehen drei Sätze.
Kreuze den Satz an,
der am besten zu dem Bild passt.

1. Das ist eine Taube.

   Das ist ein Affe.

   Das ist ein Frosch.

2. Das Mädchen reitet.

   Das Pferd weidet.

   Das Mädchen isst.

3. Ralf läuft auf der Straße.

   Er sitzt auf einem Stuhl.

   Er sitzt im Sand.

4. Der Baum blüht.

   Der Baum trägt Äpfel.

   Der Baum trägt Bananen.

Was siehst du auf dem Bild?

Betrachte das Bild.
Lies und denke nach.
Unterstreiche die Sätze, die zum Bild passen.
Male das Bild aus.

1. Ich sehe eine Bank.
2. Ein Elefant geht auf der Straße.
3. Ich kann sechs Autos sehen.
4. Ein Mann geht über die Brücke.
5. Der Bus ist leer.
6. Es gibt mehrere Boote.
7. Auf der Straße in der Nähe der Post läuft ein Tiger frei herum.
8. Der Polizist reitet auf einem Pferd.
9. Ein Junge führt einen Hund aus.
10. Auf der Brücke sitzen einige Tauben.

BANK
POST

Rätsel

Löse das Rätsel.
Wähle aus den Wörtern,
die im Rahmen stehen.

GAS

LOS

TAL

TAG

Waagerecht: 1. Liegt zwischen den Bergen

3. Damit kann man heizen und kochen

Senkrecht: 1. Das Gegenteil von Nacht

2. Damit kann man etwas gewinnen

Das richtige Wort zum richtigen Bild

Bei jedem Bild stehen drei Wörter.
Eines der Wörter passt zum Bild.
Unterstreiche dieses Wort.

1. Nase
   Vase
   Hase

2. Kahn
   Bahn
   Bank

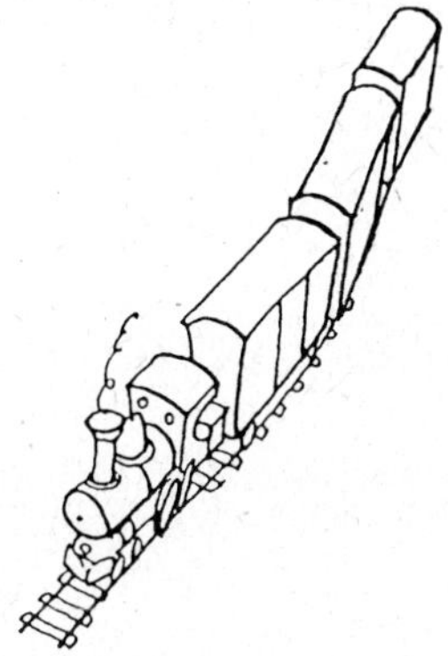

3. Knoten
   Knospe
   Knochen

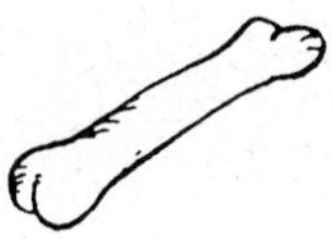

4. Auge
   Automat
   Auto

5. Telefon
   Teller
   Taler

6. Traum
   Baum
   Daumen

7. Glas
   Gras
   Gans

8. Tier
   Tisch
   Fisch

9. Einkauf
   Eislauf
   Eisenbahn

10. Schuld
    Schuhe
    Schule

Wer kann das sein?

Der Vogel pickt am Ast.

Sven strickt Strümpfe.

Die Uhr tickt tick-tack.

Die Großmutter nickt dem Kind freundlich zu.

Die Kinder danken für das Geschenk.

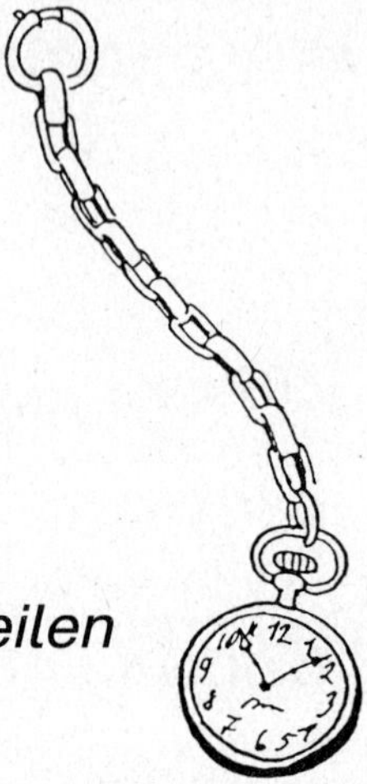

Beantworte die Fragen.
Schreibe deine Antworten auf die Zeilen hinter jeder Frage.

1. Wer tickt? ______________________

2. Wer dankt? ______________________

3. Wer pickt? ______________________

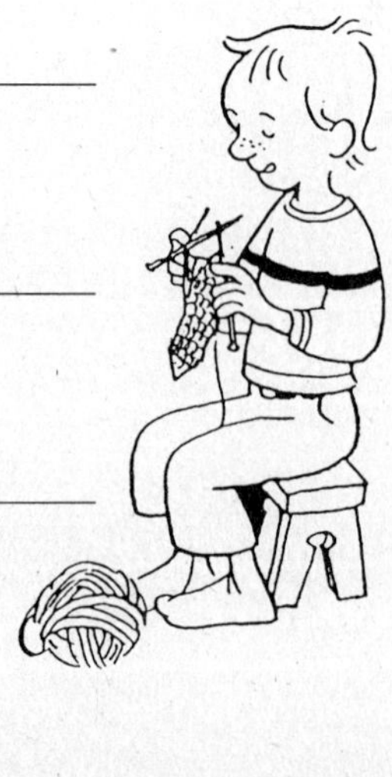

4. Wer nickt? ______________________

5. Wer strickt? ______________________

Was tun sie?

Lies die Wörter.
Unterstreiche das Wort,
das am besten zu dem Bild passt.

1. baden
   schwimmen
   duschen

2. sprechen
   miauen
   bellen

3. flöten
   singen
   tanzen

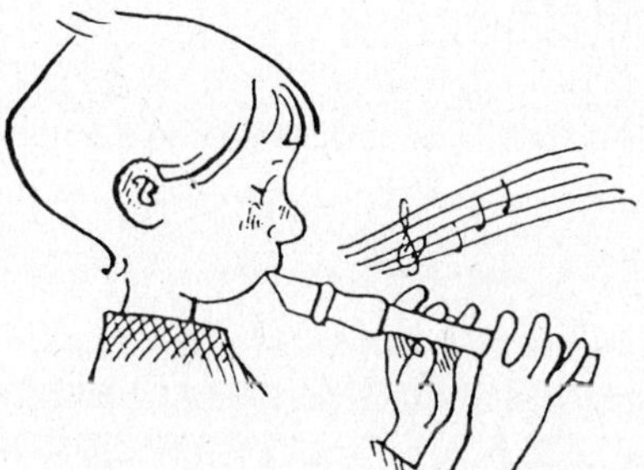

4. nähen
   stricken
   häkeln

5. hacken
   packen
   backen

Was ist richtig?

Unter jeder Frage stehen drei Wörter.
Eines der drei Wörter ist richtig.
Unterstreiche dieses Wort.

1. Welche Farbe hat die Tanne?

weiß gelb grün

2. Welche Farbe hat der Löwenzahn?

gelb blau rot

3. Welche Farbe hat die Preiselbeere?

blau rot gelb

4. Womit fegt man?

Beere Besteck Besen

5. Was schmeckt sauer?

Zucker Salz Zitrone

6. Womit angelt man?

Ruhe Ruder Rute

7. Was kann man essen?

Kachel Kuchen Küche

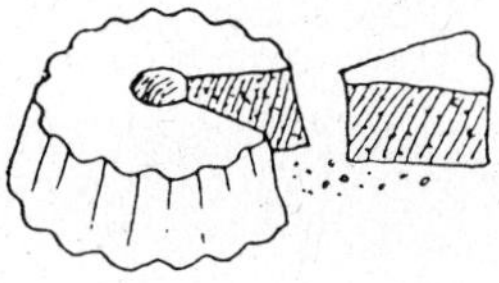

8. Womit fährt man?

Aufgabe Ausweis Auto

9. Womit schneidet man?

Schere Scherz Scherbe

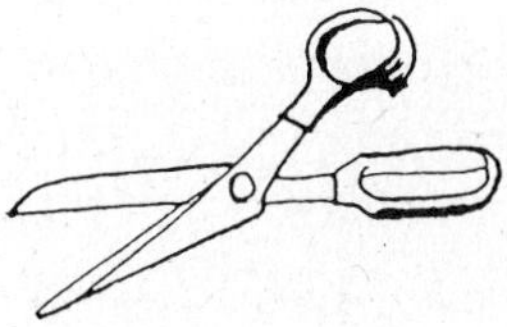

10. Was ist eine Rose?

Bluse Blume Blase

11. Woraus trinkt man?

Glas Gras Gleis

Suche das richtige Wort

Eines der Wörter passt zum Bild.
Unterstreiche dieses Wort.

1. Tatze
   Katze
   Ratte

2. Käfer
   Amsel
   Ameise

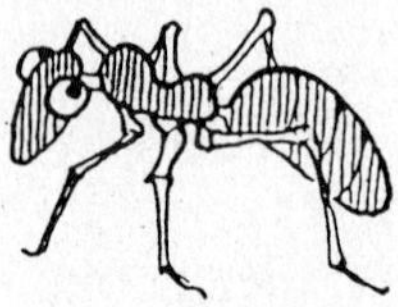

3. Fuchs
   Luchs
   Hund

4. Kissen
   Kiste
   Küste

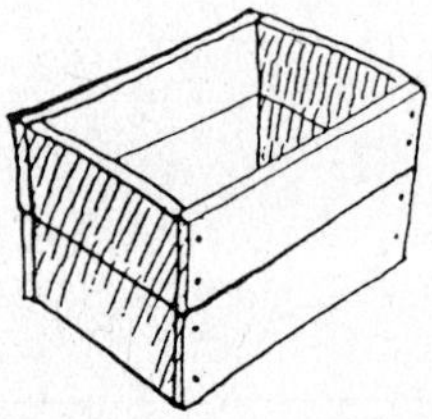

5. für
   fünf
   führen

6. Kugelschreiber
   Füller
   Bleistift

7. Buch
   Tuch
   Bach

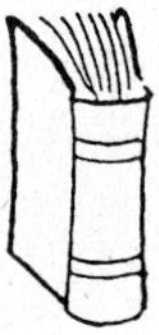

8. Ding
   Ring
   Ringer

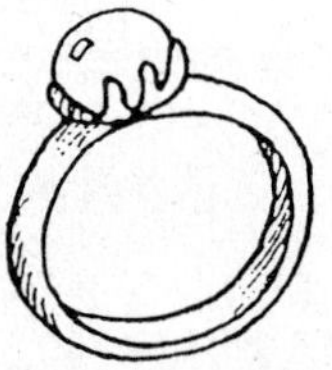

9. Schwein
   Schwanz
   Schwan

10. Wurm
    Turm
    warm

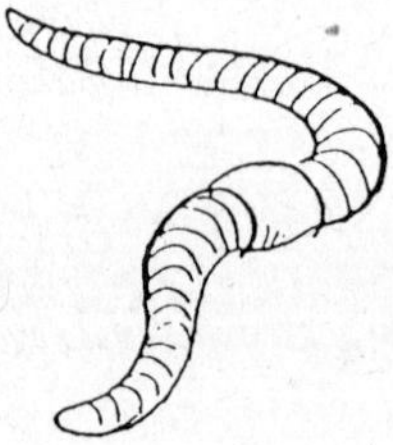

Kannst du reimen?

Schreibe das richtige Wort
an die richtige Stelle.
Wähle aus den Wörtern,
die rechts im Rahmen stehen.

herbei
wir
Klecks
gemacht
sehn

Eins und zwei,
kommt ______________________

drei und vier,
jetzt schreiben ________________

fünf und sechs,
macht keinen _________________

sieben und acht,
gut __________________________

neun und zehn,
das lässt sich ________________

Was ist geschehen?

Lies die Geschichte.
Beantworte dann die Fragen.
Du kannst zwischen drei Antworten wählen.
Unterstreiche die richtige Antwort.

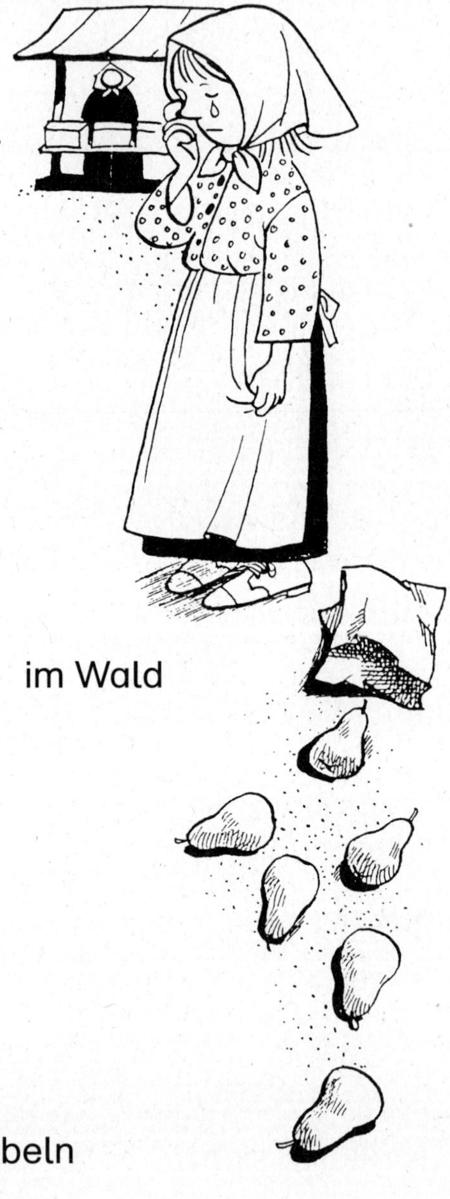

Emma ist auf dem Markt gewesen.

Dort hatte sie Birnen gekauft.

Die Birnen waren in einer Tüte.

Sie ließ die Tüte fallen.

Alle Birnen fielen heraus.

Wo ist Emma gewesen?

in der Schule   auf dem Markt   im Wald

Was hat Emma gekauft?

Äpfel   Pilze   Birnen

Was ließ Emma fallen?

die Tüte   den Markt   die Zwiebeln

Zum Nachdenken

Bei jedem Bild stehen drei Sätze.
Unterstreiche den Satz,
der zum Bild passt.

1. Kevin näht.
   Eva spielt mit einem Ball.
   Martin schläft.

2. Hier sind drei Birnen.
   Die Äpfel sind gut.
   Die Tüte ist ganz.

3. Die Jungen laufen.
   Die Mädchen spielen Fußball.
   Der Junge und das Mädchen
   sitzen im Gras.

4. Der Hund spielt mit seinen Welpen.
   Im Baum sitzen drei Vögel.
   Die Ente schwimmt mit
   ihren Jungen auf dem Teich.

Das richtige Wort zum richtigen Bild

Eines der Wörter passt zum Bild.
Kreise das passende Wort ein.

1. Bad
   bald
   Blatt

2. Tisch
   Fisch
   frisch

3. reiben
   reisen
   reiten

4. Krähe
   Kröte
   Kranich

5. Hacke
   Haken
   Hafen

6. Telefon
   Tempo
   Teppich

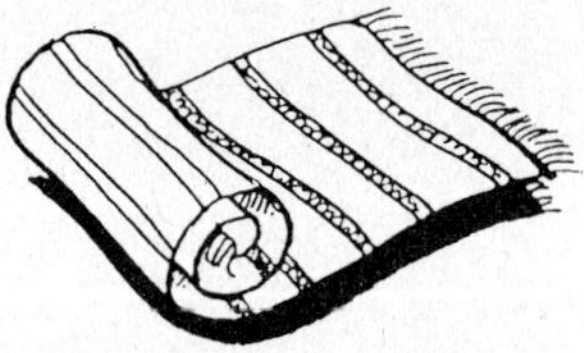

7. Maus
   Haus
   Haut

8. Falle
   Falte
   Falter

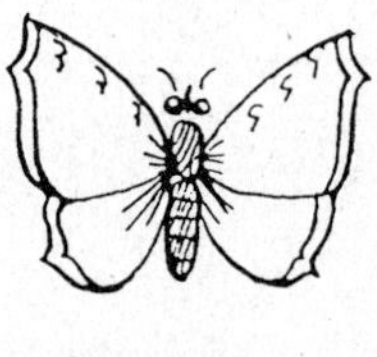

9. Papier
   Pappe
   Pappel

10. Mütze
    Mücke
    Mühe

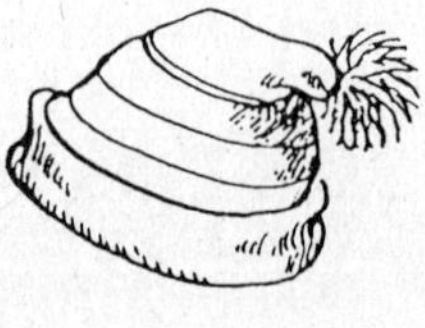

Welches Wort passt?

In jedem Satz fehlt ein Wort.
Welches ist es?
Schreibe das richtige Wort auf die Zeile.
Du kannst aus den drei Vorschlägen
neben dem Bild wählen.

1. Die Kuh hat ein ______________________ .

Kabel
Kalb
Kalk

2. Mittags essen wir ____________________ .

Fichte
Film
Fisch

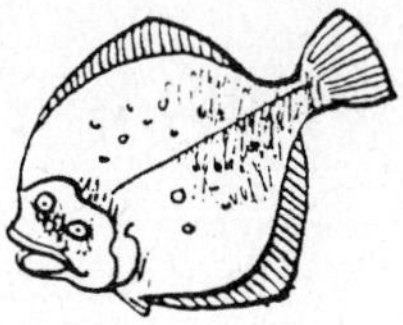

3. Die Birke hat viele ___________________ .

Blätter
Bretter
Betten

4. Eva wohnt in einer großen ___________ .

Stab
Stall
Stadt

5. Ulf ist groß und _____________________ .

klein
zart
stark

Was siehst du auf dem Bild?

Betrachte das Bild.
Lies die Sätze.
Kreuze die Sätze an,
die mit dem Bild übereinstimmen.

Im Badezimmer

1. Das Mädchen wäscht sich. ☐
2. Auf dem Schemel liegen Kleider. ☐
3. Der Junge spielt mit einem Boot im Wasser. ☐
4. Das Mädchen steht auf einem Stuhl. ☐
5. Das Mädchen steht auf einem runden Teppich. ☐
6. Über dem Spiegel ist eine Lampe. ☐
7. Die Handtücher hängen auf einer Stange. ☐
8. In der Vase sind schöne Blumen. ☐
9. In dem Waschbecken ist Wasser. ☐
10. Die Badekappe hängt an der Wand. ☐

Lies und reime

Lies die Wörter,
die rechts im Kasten stehen.
Welche Wörter reimen sich?
Wähle das passende Wort,
und ergänze die Sätze.

Kinder
Vater
Brett
Kater
Rinder
Bett

1. Ina spielt mit ihrem ________________ .

2. Auf dem Sofa liegt der ________________ .

3. Olaf zog den Nagel aus dem ________________ .

4. Abends legt er sich ins ________________ .

5. Auf der Wippe sitzen ________________ .

6. Auf der Wiese weiden ________________ .

Richtig oder falsch?

Hier stehen zehn Sätze.
Einige sind richtig, andere sind falsch.
Schreibe ein „r“ in das Kästchen,
wenn du meinst, dass der Satz richtig ist.
Schreibe ein „f“, wenn du meinst,
der Satz sei falsch.

1. Der Hahn kräht.
2. Du hast drei Augen.
3. Eine Katze hat große Hörner.

4. Eine Lampe kann leuchten.
5. Die Maus bellt.

6. Du schmeckst mit deiner Zunge.
7. Er näht mit einem Bleistift.

8. Im Wasser kann man schwimmen.
9. 6 + 7 = 14

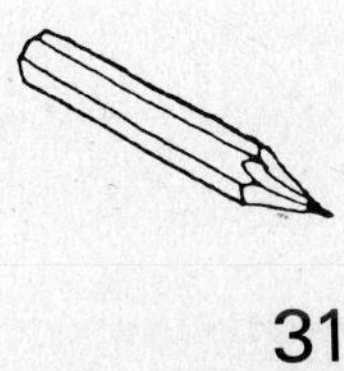

10. Der Baum sieht fern.

Wie heißen die Tierkinder?

Schreibe die Antworten in die richtige Zeile.
Wähle aus den Wörtern, die unten im Kasten stehen.

Das Junge des Pferdes heißt ____________________ .

Das Junge der Kuh heißt ________________________ .

Das Junge des Hundes heißt ____________________ .

Das Junge des Schafes heißt ____________________ .

Das Junge des Huhnes heißt ____________________ .

Lamm	Küken	Welpe	Kalb	Fohlen

Ein Ausflug mit dem Auto

„Heute wollen wir baden fahren.
Es ist so ein schönes Wetter.
Willst du mitkommen, Jenny?“, fragt Mama.
„Ja, fein! Da komme ich gerne mit“,
sagt Jenny.
„Wir nehmen das Auto“, sagt Mama.
„Wir fahren zum Strand.“

Beantworte die Fragen.
Schreibe „ja“ oder „nein“ hinter die Fragen.

1. Wollen sie Blumen pflücken? ____________
2. War das Wetter schön? ____________
3. Will Jenny mitfahren? ____________
4. Fahren sie mit dem Bus? ____________

5. Fahren sie zum Strand? ____________

Was bin ich?

Kannst du raten, was ich bin?
Unterstreiche die richtige Antwort.

1. Einer bäckt mich.

   Dann kannst du mich essen.

   Ich schmecke gut.

   Was bin ich?

   Buch   Kuchen   Teller

2. Ich bin eine Pflanze.

   Ich habe Dornen.

   Ich rieche gut.

   Was bin ich?

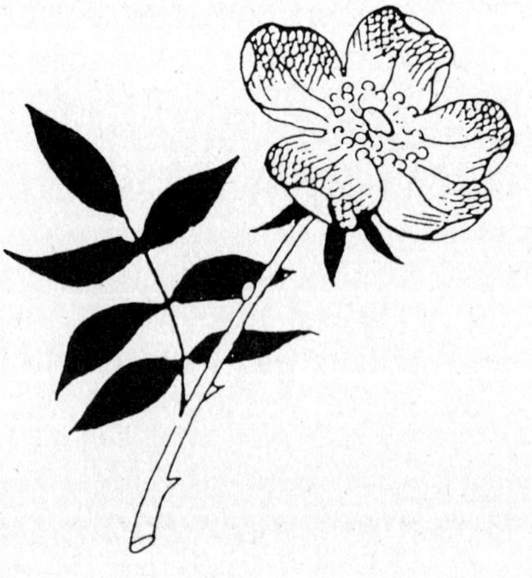

   Rose   Kaffee   Brot

3. Ich schwimme.

Du kannst mit mir fahren.

Aber du musst rudern.

Was bin ich?

Flasche Boot Fisch

4. Ich stehe still.

Du kannst in mir wohnen.

Es gibt viele Zimmer in mir.

Was bin ich?

Baum Traktor Haus

Das richtige Wort wählen

In jedem Satz fehlt ein Wort.
Schreibe das Wort in die Lücke.
Wähle einen der Vorschläge aus.

1. Maria ______________________ einen Brief.
   schreibt schiebt sieht

2. Stefan ______________________ fern.
   liegt sieht stiehlt

3. Mama ______________________ gutes Essen.
   hockt horcht kocht

4. Hier hast du eine ______________________ zu essen.
   Birne Birke

5. Die Kinder ______________________ ein lustiges Buch.
   essen lesen lernen

6. Ein schöner Teppich ______________________ auf dem Fußboden.
   fliegt liegt

7. Der Fuchs ______________________ im Wald im Fuchsbau.
   hebt lebt leidet

Fragen und Antworten

Lies die Fragen und denke nach.
Schreibe zu jeder Frage eine Antwort auf.

1. Was für ein Tag ist heute? ______________________

2. Regnet es heute? ______________________

3. Schneit es heute? ______________________

4. Scheint heute die Sonne? ______________________

5. Hast du heute deine Zähne geputzt? ______________________

6. Hast du heute ein sauberes Taschentuch? ______________________

7. Wie groß bist du? ______________________

8. In welchem Monat hast du Geburtstag? ______________________

Das richtige Wort zum richtigen Bild

Lies die Wörter, die unten auf der Seite stehen.
Wähle das richtige Wort zu jedem Bild aus.
Schreibe es unter das Bild.
Male die Bilder aus.

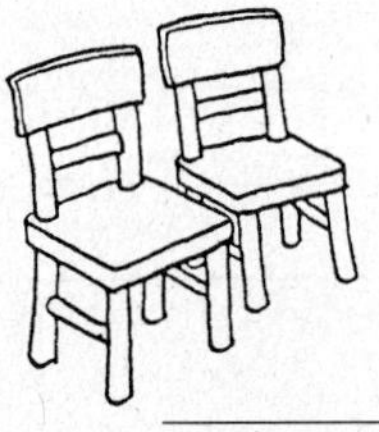

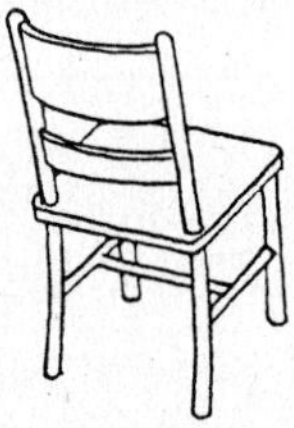

Pferd	Stuhl	Vogel	Baum
Hase	Boot	Stühle	Sonnenblume

Was bin ich?

Unterstreiche die richtige Antwort.

1. Ich kann an der Decke hängen.
   Ich kann auf dem Tisch stehen.
   Du machst mich an, wenn es dunkel wird.

   Was bin ich? Tafel Ampel Lampe

2. Ich bin kalt.
   Du stellst Esswaren in mich hinein.

   Was bin ich? Herd Kühlschrank Küchenschrank

3. Mich gibt es in jedem Haus.
   Du kannst durch mich hindurchsehen.
   Manchmal musst du mich putzen.

   Was bin ich? Fenster Tür Schornstein

4. Manchmal reiche ich bis an die Decke hinauf.
   Manchmal bin ich ganz klein.

   Was bin ich? Fahnenstange Leiter Bücherregal

Was gehört zusammen?

Bei jedem Bild steht eine Ziffer.
Suche das Wort, das zu dem Bild passt.
Schreibe die Ziffer des Bildes neben das Wort.

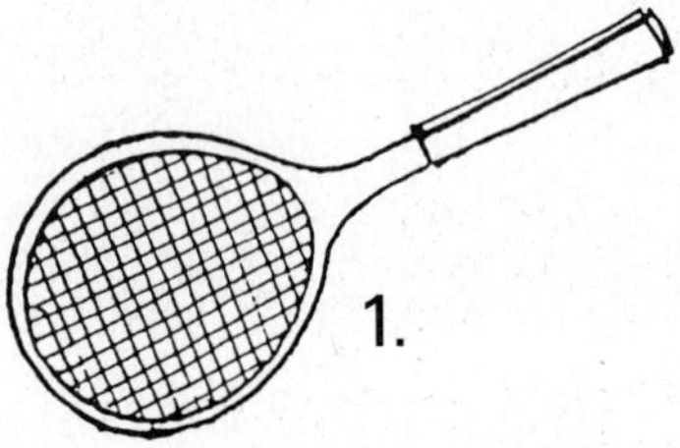
1.

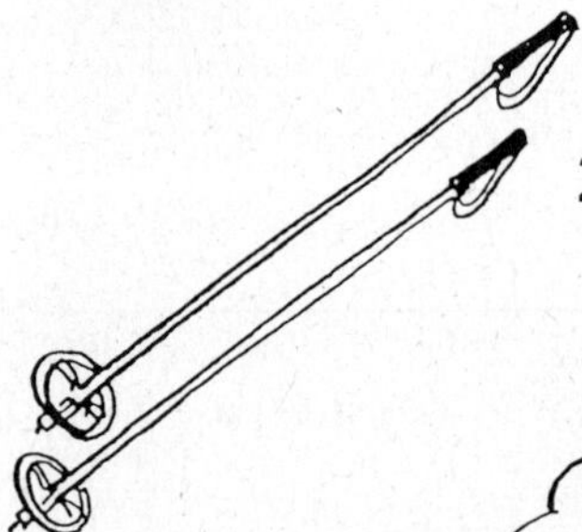
2.

3.

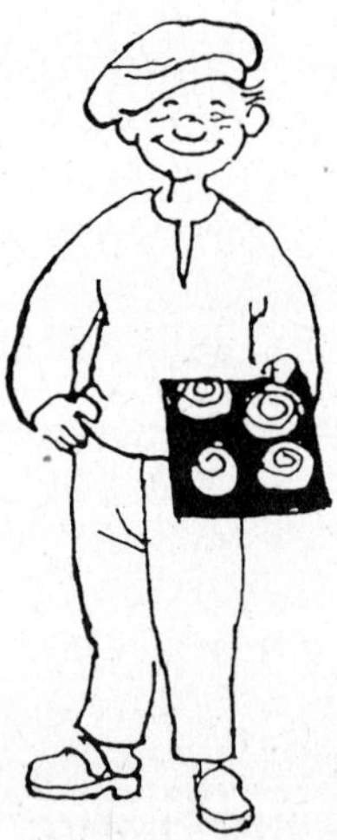
4.

5.

☐ Fahne

☐ Ball

☐ Pfannkuchen

☐ Vogelnest

☐ Skier

Eine Vogelscheuche

Lies und male aus.

Der Hut ist schwarz.

Das Band um den Hut ist lila.

Die Blume am Hut ist gelb.

Die Jacke ist rot.

Die Hose ist blau.

Die Jacke und die Hose haben viele Flicken.

Die malst du so an, wie du willst.

Der Baum ist braun und grün.

Die Kirschen sind rot.

Was ist richtig?

Bei jeder Frage stehen drei Wörter.
Eines der Wörter ist richtig.
Kreise das richtige Wort ein.

1. Welche Farbe hat die Sonne?

   schwarz gelb blau

2. Welche Farbe hat das Leberblümchen?

   schwarz blau braun

3. Was kannst du auf dem Markt kaufen?

   einen Mond einen Apfel einen Fluss

4. Was kannst du in einer Tüte tragen?

   Birnen einen Ameisenhaufen einen Weihnachtsbaum

5. Was kannst du im Wald pflücken?

   Käse Pilze Boote

6. Was muss in einem Kahn sein, damit du rudern kannst?

   ein Strauch ein Hahn zwei Ruder

7. Wie viele Zehen hast du?

   zehn fünf zwei

Ist das ein Tier?

Schreibe „ja“ oder „nein“.

Seehund ___________

Schaf ___________

Schwalbe ___________

Radio ___________

Schrank ___________

Löwe ___________

Birke ___________

Wolf ___________

Affe ___________

Gras ___________

Kuh ___________

Fahrrad ___________

Elefant ___________

Fliege ___________

Hase ___________

Tasche ___________

Tafel ___________

Bär ___________

Was fehlt denn hier?

In jedem Satz fehlt ein Wort.
Schreibe es in die Lücke.
Du kannst aus den drei Wörtern wählen,
die unter jedem Satz stehen.

1. Das Schaf schläft ______________________ dem Baum.

über auf unter

2. Der Bus fährt den Hügel ______________________ .

entlang hinunter hinauf

3. Die schwarze Katze liegt ______________________ einem Korb.

in unter über

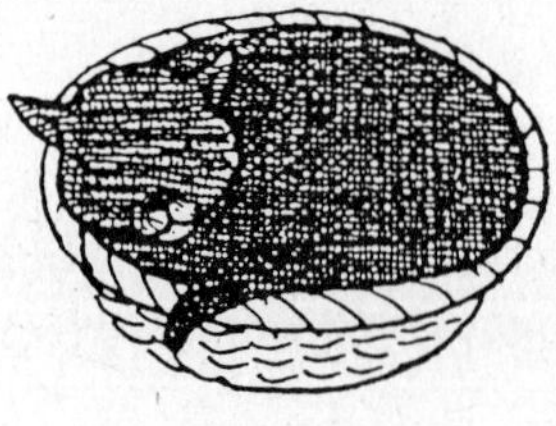

4. Der Hund läuft ______________________ dem Jungen.

über hinter vor

5. Das Mädchen hat die Hände ____________ seinen Taschen.

hinter über in

6. Tante Luise hat etwas ______________________ ihrem Kopf,
das vor Regen schützt.

über vor zu

7. Die Vögel fliegen ______________________ ihrem Nest.

in unter zu

Zum Nachdenken

Bei jedem Bild stehen drei Sätze.
Unterstreiche den Satz, der zu dem Bild passt.

1. Das ist ein Baum.
   Das ist eine Brücke.
   Das ist ein Stuhl.

2. Der Affe isst eine Banane.
   Der Affe klettert auf einen Baum.
   Der Affe schläft.

3. Der Junge spielt mit einem Ball.
   Das Mädchen springt Seil.
   Das Mädchen schaukelt.

4. Die Tanne liegt auf der Erde.
   Die Tanne steht im Wald.
   Die Tanne steht in der Stube.

5. Der Elefant spritzt Wasser.
   Der Löwe geht auf dem Seil.
   Der Bär fährt Rad.

Immer genau das Gegenteil

Hier stehen Wörter in zwei Spalten.
Zu jedem Wort der linken Spalte
gibt es ein Wort der rechten Spalte,
das genau das Gegenteil bedeutet.
Verbinde die Gegensatz-Wörter mit einem Strich.

schwarz	rechts
hoch	schön
links	weiß
reich	niedrig
nehmen	stark
hässlich	geben
schwach	arm

Zum Nachdenken

Beantworte die Fragen
mit „ja“ oder „nein“.

1. Kann man eine Tür schließen? ______________
2. Tanzt ein Weihnachtsbaum? ______________
3. Springt ein Herd? ______________
4. Isst die Uhr Nüsse? ______________
5. Schneidet man mit einer Schere? ______________
6. Kann man sein Haar kämmen? ______________
7. Hast du elf Zehen? ______________
8. Salzt man mit Zucker? ______________
9. Isst man mit einem Löffel? ______________
10. Wiehert ein Hund? ______________

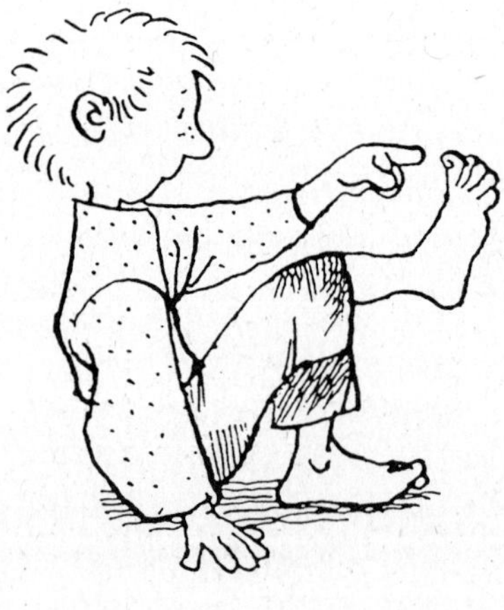

Suche das richtige Wort

Eines der Wörter passt zum Bild.
Kreise dieses Wort ein.

1. Fuß
   Nuss
   Kuss

2. Lampe
   Lama
   Lamm

3. Wald
   Wahl
   Wal

4. Computer
   Fernseher
   Mikrowelle

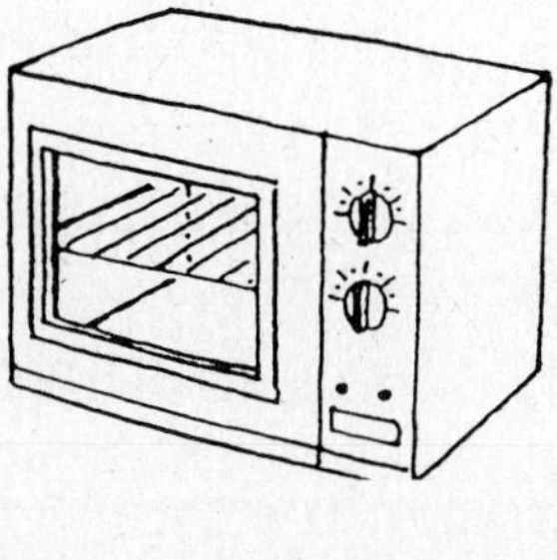

5. Urwald
   Uhu
   Uhr

6. Ente
   Ende
   Eule

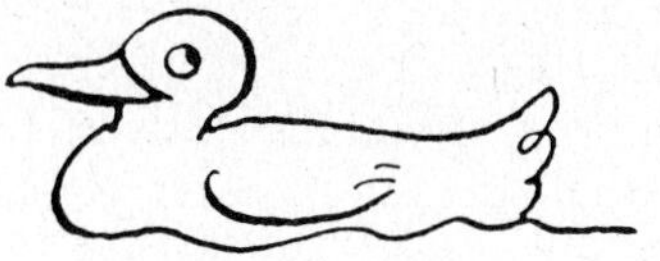

7. Buch
   Bach
   Buche

8. Brett
   Fett
   Bett

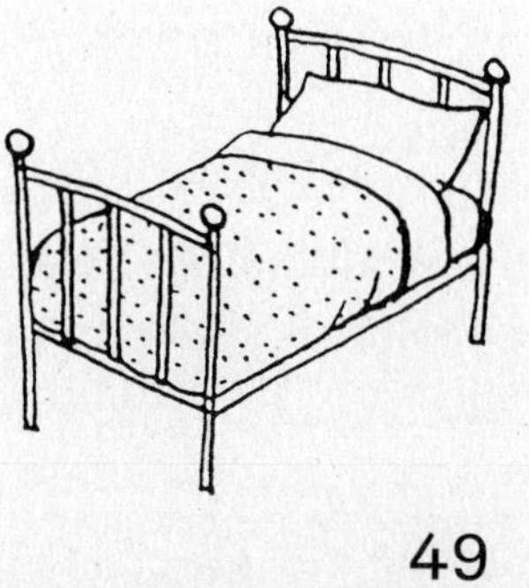

Was ist hier geschehen?

Lies die Sätze und denke nach.
Was könnte geschehen sein?
Kreuze die richtige Antwort an.

1. Peter kommt nach Hause.
   Er trägt eine Einkaufstüte.
   Wo ist er gewesen?

- ☐ auf dem Eis
- ☐ in einem Laden
- ☐ in der Schule

2. Maria hat eine Beule an der Stirn.
   Ihre Brille ist entzwei.
   Was hat sie getan?

- ☐ sich den Kopf gestoßen
- ☐ Pilze gesammelt
- ☐ Briefe geschrieben

3. Ulf ist ganz durchnässt.
   Er weint,
   als er nach Hause kommt.
   Was ist ihm passiert?

- ☐ Er hat in der Schule ein Lob bekommen.
- ☐ Er hat Klavier gespielt.
- ☐ Er ist in ein Eisloch gefallen.

4. Eva hat schmutzige Hände. Sie riecht nach Pferd. Wo ist sie gewesen?

- [ ] auf dem Spielplatz
- [ ] im Stall
- [ ] in der Schwimmhalle

5. Kristina kommt den Weg entlang. Sie hat eine Angelrute in der Hand. Was hat sie getan?

- [ ] Sie war angeln.
- [ ] Sie hat ein Bild gemalt.
- [ ] Sie hat geschaukelt.

6. Papa hat Öl an den Händen. Er hat Arbeitssachen an. Was hat er gemacht?

- [ ] Er hat Blumen gesät.
- [ ] Er hat das Auto repariert.
- [ ] Er hat Holz gesägt.

7. Es riecht nach Erdbeeren in der Küche. Auf der Bank stehen einige Einmachgläser. Was hat Mama gemacht?

- [ ] Fenster geputzt
- [ ] den Boden gefegt
- [ ] Kompott gekocht

Wo wohnen die Tiere?

Betrachte die Bilder links auf der Seite.
Was meinst du, wo die Tiere wohnen?
Schreibe die richtige Ziffer zu dem passenden Wort.

1. 

2. 

3. 

4. 

5. 

6. 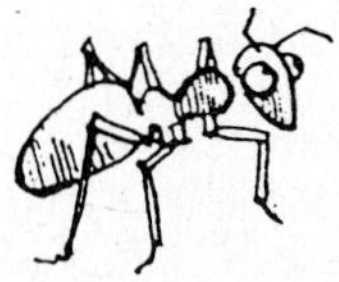

7. 

Hundehütte

Nistkasten

Höhle

Stall

Bau

Bienenkorb

Ameisenhaufen

Genau das Gegenteil

Verbinde die Wörter mit einem Strich,
die genau das Gegenteil bedeuten.

teuer	weich
schmutzig	geschlossen
hell	billig
hart	sauber
offen	dunkel
beginnen	Frieden
morgens	beenden
Krieg	abends

Lies, zeichne und male aus

1. Zeichne, was bei diesem Auto fehlt.

   Male das Auto grün an.

2. Dieser Stuhl hier ist nicht vollständig.

   Es fehlt ein Bein.

   Zeichne das fehlende Stuhlbein.

   Zeichne dann einen Tisch zu dem Stuhl.

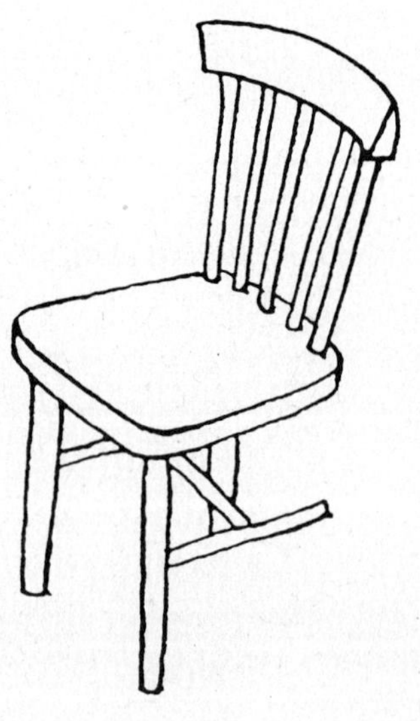

3. Lisa hat eine feine Jacke.

Die Jacke ist blau.

Es fehlt aber ein Knopf an Lisas Jacke.

Zeichne den Knopf an die Jacke.

Male die Jacke an.

4. Das Zebra ist ein gestreiftes Tier.

Es kann seine Streifen nicht verlieren.

Diesem Zebra hier

fehlen aber einige Streifen.

Zeichne sie.

5. Jan will einen Knopf annähen.

Zeichne den Faden durch das Nadelöhr,

damit Jan nähen kann.

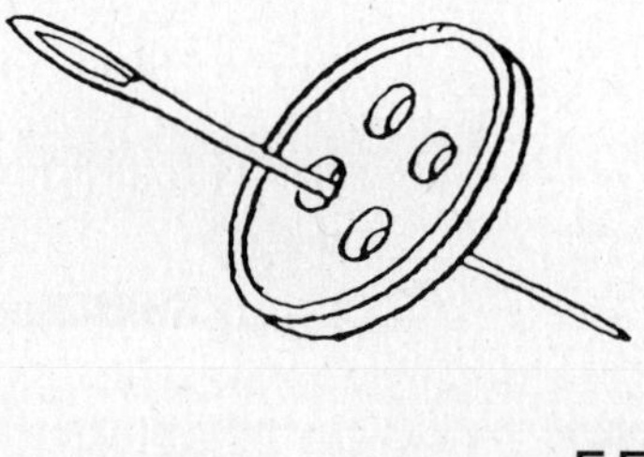

Wir gehen ins Theater

„Am Donnerstag werden wir in die Stadt fahren.
Wir wollen mit der ganzen Klasse ins Theater gehen“,
sagte die Lehrerin.
„O, das ist prima“, riefen die Kinder.
„Was wird denn gespielt?“
„Pippi Langstrumpf“, sagte die Lehrerin.
„Einige von euch haben ja schon viel von Pippi gehört.“
„Ja“, riefen die Kinder.
„Aber wie sollen wir zum Theater hinkommen?“
„Wir werden mit dem Schulbus fahren“, sagte die Lehrerin.

Was hast du gelesen?

Schreibe „richtig“ hinter die Sätze, die richtig sind.

1. Die ganze Klasse fuhr zum Strand. ______

2. Die Kinder wollten ins Theater gehen. ______

3. Alle meinten, das wäre prima. ______

4. Sie wollten Pippi Langstrumpf sehen. ______

5. Sie fuhren mit dem Zug zum Theater. ______

Lesen,

Bilder betrachten und handeln

1. Im Zimmer stehen ein Tisch
   und ein Sofa.
   Kreuze den Tisch an.
   Male das Sofa rot an.

2. Auf der Straße sind zwei Autos.
   Kreuze das größere Auto an.
   Male das kleine Auto blau an.

3. Die Katze spielt mit dem Hund.
   Kreise die Katze ein.
   Male den Hund braun an.

4. Hier siehst du eine Ziege.
Sie hat keine Hörner.
Zeichne die Hörner der Ziege.
Male die Ziege schwarz an.

5. Dieser Elefant hat keinen Rüssel.
Zeichne den Elefantenrüssel.
Male den Elefant grau an.

6. Die Mutter will Wäsche aufhängen.
Zeichne eine Leine
von dem Haken am Haus
zum Baum.
Zeichne ein Laken auf die Leine.

7. Drei Mädchen fahren Rad.
Kreuze das Mädchen an,
das als erstes fährt.
Kreise das Mädchen ein,
das als letztes fährt.

Zum Nachdenken

Zu jedem Bild gehören drei Sätze.
Unterstreiche den Satz,
der zum Bild passt.

1. Papa will ein Bild an die Wand hängen.
   Peter malt ein Bild.
   Sofia malt einen Stuhl.

2. Der Junge reitet auf einem Schwein.
   Das Mädchen reitet auf einem Kamel.
   Der Polizist reitet auf einem Pferd.

3. Das Mädchen sitzt im Boot.
   Das Boot ist draußen auf dem Meer.
   Das Boot liegt am Strand.

4. Der Junge spielt.

Der Junge schläft.

Der Junge isst.

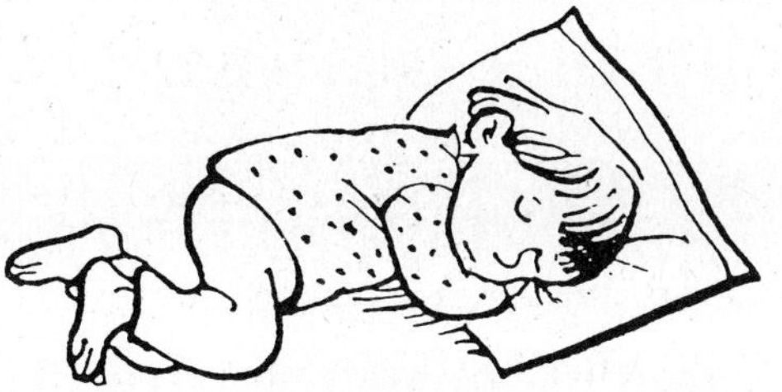

5. Der Hund frisst einen Knochen.

Der Hund liegt unter dem Tisch.

Der Hund spielt mit einem Ball.

6. Die Ameise schwimmt im Bach.

Die Ameise trägt einen Halm zum Haufen.

Die Ameise klettert auf einen Baum.

7. Die Katze sitzt auf dem Tisch.

Die Katze spielt unter dem Tisch.

Die Katze liegt auf dem Stuhl.

Unsere Schule im Fernsehen

Eine Mannschaft unserer Schule
wird heute im Fernsehen zu sehen sein.
Sie nimmt an einem Wissensquiz teil.

„Das will ich sehen", sagt Martin.

„O, das wird spannend", sagt Anna.
„Ich würde es mir auch gern ansehen,
aber ich muss zu dieser Zeit Flöte spielen."

„Du kannst doch deine Mutter bitten,
die Sendung auf Video aufzunehmen.
Dann kannst du es dir später ansehen."

„Das ist eine gute Idee", sagt Anna.
„Das werde ich tun."

In jeder Aufgabe ist ein Satz richtig.
Unterstreiche den Satz, der richtig ist.

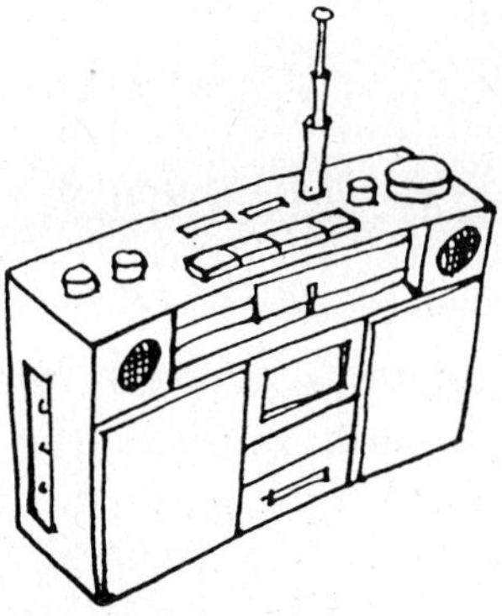

1. Die Schule nimmt an
   einem Wissensquiz im Radio teil.
   Unsere Klasse ist im Theater.
   Eine Mannschaft unserer Schule ist im Fernsehen.

2. Martin spielt Geige.
   Martin spielt Flöte.
   Anna spielt Flöte.

3. Es findet ein Fußballspiel statt.
   Es findet ein Schwimmwettkampf statt.
   Es findet ein Wissensquiz statt.

4. Anna lässt die Sendung auf Video aufnehmen.
   Anna hört stattdessen Radio.
   Anna mag kein Video.

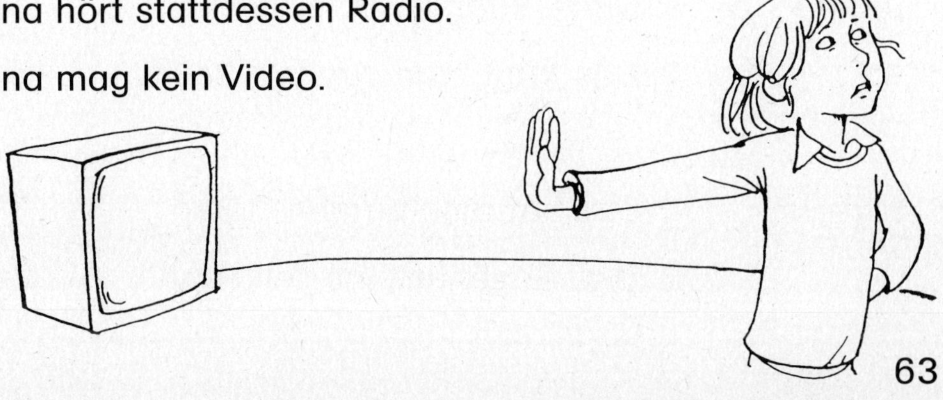

Rätsel

Löse das Rätsel.
Wähle aus den Wörtern,
die im Rahmen stehen.

GUT
ZEH
HUT
ZUG

Waagerecht: 1. Damit kann man verreisen

3. Das trägt man auf dem Kopf

Senkrecht: 1. Das hat man an den Füßen

2. Das Gegenteil von schlecht